Impressum
Verlag: BABADADA GmbH, Nedderfeld 112 , 22529 Hamburg
Geschäftsführer / Verlagsleitung: Harald Hof
Druck: Books on Demand GmbH, In de Tarpen 42, 22848 Norderstedt

Imprint
Publisher: BABADADA GmbH, Nedderfeld 112 , 22529 Hamburg, Germany
Managing Director / Publishing direction: Harald Hof
Print: Books on Demand GmbH, In de Tarpen 42, 22848 Norderstedt

школа
school

класны пакой
classroom

дзяліць
divide

186/2

дошка
board

школьны двор
school yard

настаўнік
teacher

папера
paper

пісаць
write

ручка
pen

пісьмовы стол
desk

лінейка
ruler

кніга
book

вучань
pupil

ранец

satchel

пенал

pencil case

просты аловак

pencil

тачылка для алоўкаў

pencil sharpener

гумка

rubber

альбом для малявання

drawing pad

малюнак

drawing

пэндзлік

paintbrush

фарбы

paint box

нажніцы

scissors

клей

glue

сшытак

exercise book

хатняе заданне

homework

лік

number

2+2

дадаваць

add

5−2

адымаць

subtract

2×2

множыць

multiply

лічыць

calculate

A

літара

letter

алфавіт

alphabet

слова

word

тэкст

text

чытаць

read

крэйда

chalk

ўрок

lesson

класны журнал

register

экзамен

exam

атэстат

certificate

школьная форма

school uniform

адукацыя

education

энцыклапедыя

encyclopedia

універсітэт

university

мікраскоп

microscope

карта

map

смеццевы кошык

waste-paper basket

гатэль
hotel

Grand

хостэл
hostel

ROOMS

абменны пункт
bureau de change

EXCHANGE

чамадан
suitcase

аўтамабіль
car

мова

language

так / не

yes / no

добра

Okay

прывітанне!

hello

перекладчык

translator

дзякуй

Thank you

Колькі каштуе....?

how much is...?

я не разумею

I do not understand

праблема

problem

Добры вечар!

Good evening!

Добрай раніцы!

Good morning!

Дабранач!

Good night!

да пабачэння

bye bye

кірунак

direction

багаж

luggage

сумка

bag

заплечнік

backpack

госць

guest

пакой

room

спальны мяшок

sleeping bag

палатка

tent

інфармацыя для турыстаў

tourist information

пляж

beach

крэдытная картка

credit card

снеданне

breakfast

абед

lunch

вячэра

dinner

праязны білет

ticket

ліфт

lift

паштовая марка

stamp

мяжа

border

мытня

customs

пасольства

embassy

віза

visa

пашпарт

passport

транспарт
transport

самалёт
aeroplane

карабель
ship

пажарная машына
fire engine

грузавік
truck

аўтобус
bus

маторная лодка
motorboat

ровар
bike

аўтамабіль
car

паром

ferry

лодка

boat

матацыкл

motorbike

паліцэйская машына

police car

гоначны аўтамабіль

racing car

арэндаваны аўтамабіль

rental car

сумеснае карыстанне
аўтамабілем

car sharing

эвакуатар

breakdown truck

смеццявоз

refuse truck

матор

motor

паліва

fuel

запраўка

petrol station

дарожны знак

traffic sign

дарожны рух

traffic

затор

traffic jam

паркоўка

car park

чыгуначная станцыя

train station

рэйкі

tracks

цягнік

train

трамвай

tram

вагон

carriage

верталёт

helicopter

аэрапорт

airport

вежа

tower

пасажыр

passenger

кантэйнер

container

кардонная скрыня

carton

тачка

cart

карзіна

basket

ўзлятаць / прызямляцца

take off / land

горад

city

вёска

village

цэнтр горада

city centre

дом

house

кінатэатр
cinema

рэклама
advert

вулічны ліхтар
street lamp

CINEMA

вуліца
street

таксі
taxi

пешаход
pedestrian

кіёск
snack shop

тратуар
pavement

пешаходны пераход
zebra crossing

сметніца
bin

скрыжаванне
crossing

светлафор
traffic lights

халупа

hut

кватэра

flat

чыгуначная станцыя

train station

ратуша

town hall

музей

museum

школа

school

універсітэт

university

банк

bank

шпіталь

hospital

гатэль

hotel

аптэка

pharmacy

офіс

office

кнігарня

book shop

крама

shop

кветкавая крама

florist's

супермаркет

supermarket

кірмаш

market

універмаг

department store

рыбная крама

fishmonger's

гандлевы цэнтр

shopping centre

порт

harbour

парк

park

лава

bench

мост

bridge

лесвіца

stairs

метро

underground

тунэль

tunnel

прыпынак

bus stop

бар

bar

рэстаран

restaurant

паштовая скрыня

postbox

вулічны паказальнік

street sign

паркамат

parking meter

заапарк

zoo

басейн

swimming pool

мячэць

mosque

горад - city

сядзіба
farm

забруджванне
навакольнага асяроддзя
pollution

могілкі
graveyard

царква
church

пляцоўка для гульні
playground

храм
temple

краявід
landscape

ліст
leaf

паказальнік
signpost

дарога
way

луг
meadow

камень
stone

дрэва
tree

падарожнік
hiker

рака
river

трава
grass

кветка
flower

даліна
valley

гара
hill

возера
lake

лес
forest

пустыня
desert

вулкан
volcano

замак
castle

вясёлка
rainbow

грыб
mushroom

пальма
palm tree

камар
mosquito

муха
fly

мурашка
ant

пчала
bee

павук
spider

жук

beetle

жаба

frog

вавёрка

squirrel

вожык

hedgehog

заяц

hare

сава

owl

птушка

bird

лебедзь

swan

дзік

boar

алень

deer

лось

moose

плаціна

dam

вятрак

wind turbine

сонечная батарэя

solar panel

клімат

climate

афіцыянт
waiter

меню
menu

крэсла
chair

суп
soup

піца
pizza

сталовыя прыборы
cutlery

абрус
tablecloth

закуска

starter

другая страва

main course

дэсерт

dessert

напоі

drinks

ежа

food

бутэлька

bottle

хуткае харчаванне (фаст-фуд)

fast food

стрыт-фуд

street food

імбрык (чайнік)

teapot

цукарніца

sugar bowl

порцыя

portion

эспрэса-машына

espresso machine

дзіцячае крэселка

high chair

рахунак

bill

паднос

tray

нож

knife

відэлец

fork

лыжка

spoon

чайная лыжка

teaspoon

сурвэтка

serviette

шклянка

glass

талерка

plate

супавая талерка

soup plate

сподак

saucer

соус

sauce

сальніца

salt pot

млынок для перцу

pepper mill

воцат

vinegar

алей

oil

спецыі

spices

кетчуп

ketchup

гарчыца

mustard

маянэз

mayonnaise

акцыя
special offer

пакупнік
customer

малочныя прадукты
dairy

садавіна
fruit

вазок
trolley

мясная крама

butcher's

хлебны магазін

baker's

важыць

weigh

гародніна

vegetables

мяса

meat

свежазамарожаныя
прадукты
frozen food

нарэзка

cold meat

кансервы

tinned food

пральны парашок

washing powder

прысмакі

sweets

хатнія прылады

household products

чысцячы сродак

cleaning products

прадавец

salesperson

каса

till

касір

cashier

спіс пакупак

shopping list

гадзіны працы

opening hours

бумажнік

wallet

крэдытная картка

credit card

сумка

bag

пакет

plastic bag

вада

water

сок

juice

малако

milk

кола

coke

віно

wine

піва

beer

алкаголь

alcohol

какава

cocoa

гарбата (чай)

tea

кава

coffee

эспрэса

espresso

капучына

cappuccino

банан

banana

яблык

apple

апельсін

orange

дыня

melon

лімон

lemon

морква

carrot

часнок

garlic

бамбук

bamboo

цыбуля

onion

грыб

mushroom

арэхі

nuts

локшына

noodles

спагеці

spaghetti

рыс

rice

салата

salad

бульба фры

chips

смажаная бульба

fried potatoes

піца

pizza

гамбургер

hamburger

бутэрброд

sandwich

шніцаль

cutlet

вяндліна

ham

салямі

salami

каўбаса

sausage

курыца

chicken

смажаніна

roast

рыбак

fish

аўсяныя камякі

porridge oats

мюслі

muesli

кукурузныя шматкі

cornflakes

мука

flour

круасан

croissant

булачка

bread roll

хлеб

bread

тост

toast

пячэнне

biscuits

масла

butter

тварог

curd

пірог

cake

яйка

egg

яечня

fried egg

сыр

cheese

марожанае

ice cream

цукар

sugar

мёд

honey

варэнне

jam

нуга

chocolate spread

кары

curry

хата
farmhouse

хлеў
barn

цюк саломы
straw bale

поле
field

конь
horse

прычэп
trailer

жарабя
foal

трактар
tractor

асёл
donkey

авечка
sheep

ягня
lamb

каза

goat

карова

cow

цяля

calf

свіння

pig

парася

piglet

бык

bull

гусак
goose

качка
duck

кураня
chick

курыца
hen

певень
cock

пацук
rat

кот
cat

мыш
mouse

вол
ox

сабака
dog

сабачая будка
doghouse

садовы шланг
garden hose

палівачка
watering can

каса
scythe

плуг
plough

серп
sickle

матыка
hoe

вілы для гною
pitchfork

сякера
axe

тачка
wheelbarrow

карыта
trough

бітон для малака
milk can

мех
sack

плот
fence

хлеў
stable

цяпліца
greenhouse

глеба
soil

насенне
seed

угнаенне
fertilizer

камбайн
combine harvester

збіраць ураджай

harvest

ураджай

harvest

ямс

yams

пшаніца

wheat

соя

soy

бульба

potato

кукуруза

corn

рапс

rapeseed

садовае дрэва

fruit tree

маніёк

cassava

збожжа

cereals

комін
chimney

дах
roof

вадасцёк
drainpipe

акно
window

гараж
garage

званок
doorbell

дзверы
door

вядро для смецця
rubbish bin

паштовая скрыня
letterbox

сад
garden

жылы пакой

living room

ванная

bathroom

кухня

kitchen

спальны пакой

bedroom

дзіцячы пакой

child's room

сталоўка

dining room

падлога

floor

сцяна

wall

столь

ceiling

падвал

cellar

саўна

sauna

балкон

balcony

тэраса

terrace

басейн

pool

касілка

lawn mower

падкоўдранік

sheet

коўдра

bedspread

ложак

bed

венік

broom

вядро

bucket

выключальнік

switch

шпалеры
wallpaper

малюнак
picture

лямпа
lamp

паліца
shelf

шафа
cupboard

камін
fireplace

тэлевізар
television

кветка
flower

падушка
cushion

канапа
sofa

ваза
vase

пульт
remote control

дыван
carpet

фіранка
curtain

стол
table

крэсла
chair

крэсла-качалка
rocking chair

крэсла
armchair

кніга

book

коўдра

blanket

дэкарацыя

decoration

дровы

firewood

кіно

film

стэрэасістэма

hi-fi equipment

ключ

key

газета

newspaper

карціна

painting

постар

poster

радыё

radio

нататнік

notepad

пыласос

hoover

кактус

cactus

свечка

candle

халадзільнік
fridge

мікрахвалёвая печ
microwave oven

кухонныя шалі
kitchen scales

тостар
toaster

мыйны сродак
detergent

маразілка
freezer

духоўка
oven

вядро для смецця
rubbish bin

посудамыйная машына
dishwasher

пліта

cooker

рондаль

pot

чыгунок

cast-iron pot

Вок / кадаі

wok / kadai

патэльня

pan

чайнік

kettle

параварка

steamer

бляха

baking tray

посуд

crockery

кубак

mug

міска

bowl

палачкі для ежы

chopsticks

чарпак

ladle

лапатачка

spatula

збівалка

whisk

сіта для варэння

strainer

сіта

sieve

тарка

grater

ступка

mortar

грыль

barbecue

вогнішча

open fire

кухня - kitchen

дошка

chopping board

качалка

rolling pin

штопар

corkscrew

бляшанка

can

адкрывалка

can opener

прыхваткі

pot holder

ракавіна

sink

шчотка

brush

губка

sponge

міксер

blender

маразільная камера

deep freezer

бутэлечка

baby bottle

вадаправодны кран

tap

ручнiковы сушыцель
heating

душ
shower

ручнiк
towel

штора для душа
shower curtain

пенная ванна
bubble bath

ванна
bathtub

шклянка
glass

мыйная машына
washing machine

вадаправодны кран
tap

плiтка
tiles

начны гаршчок
potty

ракавiна
sink

туалет

toilet

падлогавы ўнiтаз

squat toilet

бiдэ

bidet

пiсуар

urinal

туалетная папера

toilet paper

шчотка для чысткi ўнiтаза

toilet brush

зубная шчотка

toothbrush

зубная паста

toothpaste

зубная нітка

dental floss

мыць

wash

ручны душ

handheld shower

інтымны душ

douche

умывальнік

basin

шчотка для спіны

back brush

мыла

soap

гель для душа

shower gel

шампунь

shampoo

вяхотка

flannel

вадасцёк

drain

крэм

cream

дэзадарант

deodorant

люстэрка

mirror

касметычнае люстэрка

hand mirror

станок для галення

razor

пена для галення

shaving foam

ласьён пасля галення

aftershave

грэбень

comb

шчотка

brush

фен

hair dryer

лак для валасоў

hairspray

касметыка

makeup

памада

lipstick

лак для пазногцяў

nail varnish

вата

cotton wool

манікюрныя нажніцы

nail scissors

духі

perfume

касметычка

washbag

табурэтка

stool

вагі

weighing scale

лазневы халат

bathrobe

санітарныя пальчаткі

rubber gloves

тампон

tampon

гігіенічныя пракладкі

sanitary towel

біятуалет

chemical toilet

будзільнік
alarm clock

мяккая цацка
cuddly toy

цацачная машынка
toy car

бразготка
rattle

лялечны домік
doll's house

падарунак
present

надзіманы шарык

balloon

ложак

bed

дзіцячая каляска

pram

калода картаў

deck of cards

пазл

jigsaw

комікс

comic

канструктар "Лега"

lego bricks

канструктар

building blocks

экшэн-фігурка

action figure

дзіцячы гарнітур

babygrow

фрызбі

frisbee

дзіцячы мабіль

mobile

настольная гульня

board game

кубік

dice

дзіцячая чыгунка

model train set

пустышка

dummy

дзіцячае свята

party

кніга з малюнкамі

picture book

мячык

ball

лялька

doll

гуляцца

play

пясочніца

sandpit

арэлі

swing

цацкі

toys

гульнявая відэа прыстаўка

video game console

трохколавы ровар

tricycle

плюшавы мішка

teddy bear

шафа

wardrobe

адзенне

clothing

шкарпэткі

socks

панчохі

stockings

калготкі

tights

шалік
scarf

рамень
belt

парасон
umbrella

цішотка
t-shirt

боты
boots

пантоплі
slippers

красоўкі
trainers

сандалі
sandals

абутак
shoes

гумовыя боты
rubber boots

трусы
underpants

бюстгальтар
bra

майка
vest

адзенне - clothing

бодзі

body

штаны

trousers

джынсы

jeans

спадніца

skirt

блузка

blouse

кашуля

shirt

джэмпер

pullover

талстоўка

hoodie

блэйзер

blazer

куртка

jacket

паліто

coat

дажджавік

raincoat

касцюм

costume

сукенка

dress

вясельная сукенка

wedding dress

касцюм

suit

начная сарочка

nightgown

піжама

pyjamas

сары

sari

хустка

headscarf

цюрбан

turban

паранджа

burqa

каптан

kaftan

Абая

abaya

купальнік

swimsuit

плаўкі

trunks

шорты

shorts

спартыўны касцюм

tracksuit

фартух

apron

пальчаткі

gloves

гузік

button

акуляры

glasses

бранзалет

bracelet

каралі

necklace

кальцо

ring

завушніца

earring

кепка

cap

вешалка

coat hanger

капялюш

hat

гальштук

tie

маланка

zip

шлем

helmet

падцяжкі

braces

школьная форма

school uniform

уніформа

uniform

нагруднік
bib

пустышка
dummy

падгузнік
nappy

сервер
server

канцылярская шафа
filing cabinet

прынтэр
printer

папера
paper

манітор
monitor

мыш
mouse

пісьмовы стол
desk

тэчка
folder

клавіятура
keyboard

смеццевы кошык
waste-paper basket

кампутар
computer

крэсла
chair

кубак для кавы (філіжанка)

coffee mug

калькулятар
calculator

інтэрнэт
internet

ноўтбук

laptop

ліст

letter

паведамленне

message

мабільны тэлефон

mobile

сетка

network

ксеракс

photocopier

праграмнае забеспячэнне

software

тэлефон

telephone

разетка

plug socket

факс

fax machine

фармуляр

form

дакумент

document

купляць

buy

плаціць

pay

гандляваць

trade

грошы

money

долар

dollar

еўра

euro

ена

yen

рубель

rouble

франк

Swiss franc

кітайскі юань

renminbi yuan

рупія

rupee

банкамат

cashpoint

абменны пункт

bureau de change

золата

gold

срэбра

silver

нафта

oil

энергія

energy

цана

price

кантракт

contract

падатак

tax

акцыя

stock

працаваць

work

служачы

employee

працадаўца

employer

фабрыка

factory

крама

shop

паліцыянт
police officer

пажарны
fireman

кухар
cook

доктар
doctor

пілот
pilot

садоўнік

gardener

слесар

carpenter

швачка

seamstress

суддзя

judge

хімік

chemist

артыст

actor

кіроўца аўтобуса

bus driver

таксіст

taxi driver

рыбак

fisherman

прыбіральшчыца

cleaning lady

страхар

roofer

афіцыянт

waiter

паляўнічы

hunter

мастак

painter

пекар

baker

электрык

electrician

будаўнік

builder

інжынер

engineer

мяснік

butcher

сантэхнік

plumber

паштальён

postman

салдат

soldier

архітэктар

architect

касір

cashier

фларыст

florist

цырульнік

hairdresser

кандуктар

conductor

механік

mechanic

капітан

captain

стаматолаг

dentist

вучоны

scientist

рабін

rabbi

імам

imam

манах

monk

святар

clergyman

малаток
hammer

пласкагубцы
pliers

адвёртка
screwdriver

гаечны ключ
spanner

ліхтарык
torch

экскаватар

digger

скрыня для інструментаў

toolbox

дравіны

ladder

піла

saw

цвікі

nails

дрыль

drill

рамантаваць

repair

рыдлеўка

shovel

Халера!

Damn!

шуфлік для смецця

dustpan

вядро з фарбаю

paint pot

балты

screws

музычныя інструменты
musical instruments

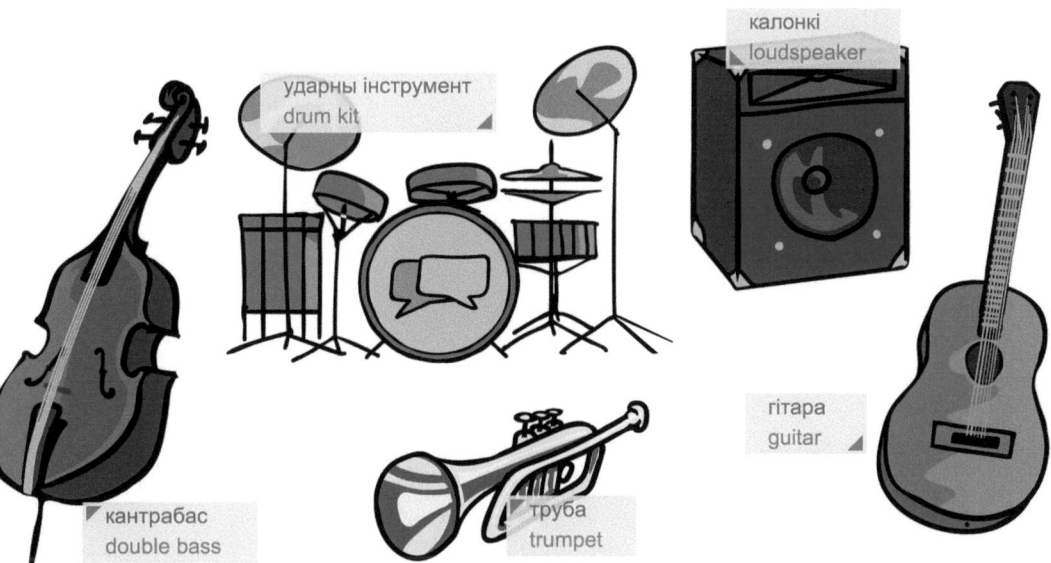

калонкі
loudspeaker

ударны інструмент
drum kit

гітара
guitar

кантрабас
double bass

труба
trumpet

піяніна

piano

скрыпка

violin

басгітара

bass

літаўры

timpani

барабан

drums

клавішны электрамузычны
інструмент

keyboard

саксафон

saxophone

флейта

flute

мікрафон

microphone

уваход
entrance

тыгр
tiger

клетка
cage

зебра
zebra

корм для жывёл
animal feed

панда
panda

жывёлы

animals

слон

elephant

кенгуру

kangaroo

насарог

rhino

гарыла

gorilla

мядзведзь

bear

вярблюд

camel

стравус

ostrich

леў

lion

малпа

monkey

фламінга

flamingo

папугай

parrot

белы мядзведзь

polar bear

пінгвін

penguin

акула

shark

паўлін

peacock

змяя

snake

кракадзіл

crocodile

наглядчык заапарка

zookeeper

цюлень

seal

ягуар

jaguar

поні

pony

леапард

leopard

бегемот

hippo

жыраф

giraffe

арол

eagle

дзік

boar

рыбак

fish

чарапаха

turtle

морж

walrus

ліса

fox

газель

gazelle

американскі футбол
American football

веласпорт
cycling

тэніс
tennis

баскетбол
basketball

плаванне
swimming

бокс
boxing

хакей з шайбай
ice hockey

футбол

football

бадмінтон

badminton

лёгкая атлетыка

athletics

гандбол

handball

горныя лыжы

skiing

пола

polo

смяяцца
laugh

скакаць
jump

абдымаць
hug

спяваць
sing

ісці
walk

маліцца
pray

цалаваць
kiss

марыць
dream

пісаць

write

маляваць

draw

паказваць

show

націснуць

push

даваць

give

браць

take

маць

have

выконваць

do

быць

be

стаяць

stand

бегчы

run

цягнуць

pull

кідаць

throw

падаць

fall

ляжаць

lie

чакаць

wait

насіць

carry

сядзець

sit

апранацца

get dressed

спаць

sleep

прачынацца

wake up

глядзець

look at

плакаць

cry

лашчыць

stroke

прычэсвацца

comb

гаварыць

talk

разумець

understand

пытаць

ask

чуць

listen

піць

drink

есці

eat

прыбіраць

tidy up

кахаць

love

гатаваць

cook

ехаць

drive

лятаць

fly

плаваць пад ветразем

sail

лічыць

calculate

чытаць

read

вучыць

learn

працаваць

work

уступаць у шлюб

marry

шыць

sew

чысціць зубы

brush teeth

забіваць

kill

курыць

smoke

пасылаць

send

бабуля
grandmother

дзядуля
grandfather

бацька
father

маці
mother

дзіця
baby

дачка
daughter

сын
son

госць

guest

цётка

aunt

дзядзька

uncle

брат

brother

сястра

sister

лоб
forehead

вока
eye

плячо
shoulder

палец
finger

твар
face

падбародак
chin

рука
hand

грудзі
breast

нага
leg

рука
arm

дзіця

baby

мужчына

man

жанчына

woman

дзяўчынка

girl

хлопчык

boy

галава

head

спіна

back

жывот

belly

пуп

belly button

палец нагі

toe

пятка

heel

костка

bone

бядро

hip

калена

knee

локаць

elbow

нос

nose

ягадзіца

bottom

скура

skin

шчака

cheek

вуха

ear

губа

lip

рот

mouth

зуб

tooth

язык

tongue

галаўны мозг

brain

сэрца

heart

мышца

muscle

лёгкае

lung

пячонка

liver

страўнік

stomach

ныркі

kidneys

сэкс

sex

прэзерватыў

condom

яйцаклетка

ovum

сперма

semen

цяжарнасць

pregnancy

цела - body

менструацыя

menstruation

похва

vagina

пеніс

penis

брыво

eyebrow

валасы

hair

шыя

neck

цела - body

шпіталь
hospital

машына хуткай дапамогі
ambulance

інвалiднае крэсла
wheelchair

пералом
fracture

доктар

doctor

аддзяленне першай
дапамогі

emergency room

медсястра

nurse

экстраная дапамога

emergency

непрытомны

unconscious

боль

pain

траўма

injury

крывацёк

bleeding

інфаркт

heart attack

апаплексія

stroke

алергія

allergy

кашаль

cough

гарачка

fever

грып

flu

панос

diarrhoea

галаўны боль

headache

рак

cancer

дыябет

diabetes

хірург

surgeon

скальпель

scalpel

аперацыя

operation

КТ

CT

рэнтген

x-ray

ультрагук

ultrasound

маска

face mask

хвароба

disease

пачакальня

waiting room

мыліца

crutch

пластыр

plaster

бінт

bandage

ін'екцыя

injection

стэтаскоп

stethoscope

насілкі

stretcher

градуснік

clinical thermometer

нараджэнне

birth

лішняя вага

overweight

слухавы апарат

hearing aid

дэзінфекцыйны сродак

disinfectant

інфекцыя

infection

вірус

virus

ВІЧ/СНІД

HIV / AIDS

лекі

medicine

прышчэпка

vaccination

таблеткі

tablets

супрацьзачаткавая таблетка

pill

экстраны выклік

emergency call

таномётр

blood pressure monitor

хворы / здаровы

ill / healthy

Ратуйце!

Help!

сігналізацыя

alarm

напад

assault

атака

attack

небяспека

danger

аварыйны выхад

emergency exit

Пажар!

Fire!

вогнетушыцель

fire extinguisher

аварыя

accident

аптэчка

first-aid kit

СОС

SOS

паліцыя

police

Еўропа

Europe

Паўночная Амерыка

North America

Паўднёвая Амерыка

South America

Афрыка

Africa

Азія

Asia

Аўстралія

Australia

Атлантычны акіян

Atlantic

Ціхі акіян

Pacific

Індыйскі акіян

Indian Ocean

Паўднёвы ледавіты акіян

Antarctic Ocean

Паўночны ледавіты акіян

Arctic Ocean

Паўночны полюс

North Pole

Паўднёвы полюс

South Pole

Антарктыда

Antarctica

Зямля

Earth

краіна

land

мора

sea

востраў

island

нацыя

nation

дзяржава

state

цыферблат

clock face

гадзінная стрэлка

hour hand

хвілінная стрэлка

minute hand

секундная стрэлка

second hand

Колькі часу?

What time is it?

дзень

day

час

time

зараз

now

электронны гадзіннік

digital watch

хвіліна

minute

гадзіна

hour

панядзелак
Monday

серада
Wednesday

пятніца
Friday

аўторак
Tuesday

субота
Saturday

чацвер
Thursday

нядзеля
Sunday

ўчора

yesterday

сёння

today

заўтра

tomorrow

раніца

morning

абед

noon

вечар

evening

працоўныя дні

business days

выхадныя

weekend

дождж
▶ rain

вясёлка
▶ rainbow

вецер
▶ wind

снег
▶ snow

вясна
spring

лета
summer

восень
▶ autumn

зіма
winter

4.APRIL	11°	☀
5.APRIL	4°	
6.APRIL	13°	
7.APRIL	8°	
8.APRIL	10°	☀

прагноз надвор'я

weather forecast

градуснік

thermometer

сонечнае святло

sunshine

воблака

cloud

туман

fog

вільготнасць паветра

humidity

маланка

lightning

гром

thunder

бура

storm

град

hail

мусонны вецер

monsoon

прыліў

flood

лёд

ice

студзень

January

люты

February

сакавік

March

красавік

April

май

May

чэрвень

June

ліпень

July

жнівень

August

верасень

September

кастрычнік

October

лістапад

November

снежань

December

формы
shapes

круг

circle

квадрат

square

прамавугольнік

rectangle

трохвугольнік

triangle

шар

sphere

куб

cube

белы

white

жоўты

yellow

аранжавы

orange

ружовы

pink

чырвоны

red

фіялетавы

purple

сіні

blue

зялёны

green

карычневы

brown

шэры

grey

чорны

black

шмат / мала

a lot / a little

злы / добры

angry / calm

прыгожы / брыдкі

beautiful / ugly

пачатак / канец

beginning / end

высокі / малы

big / small

светлы / цёмны

bright / dark

сястра / брат

brother / sister

чысты / брудны

clean / dirty

поўны / няпоўны

complete / incomplete

дзень / ноч

day / night

мёртвы / жывы

dead / alive

шырокі / вузкі

wide / narrow

ядомы / неядомы

edible / inedible

злы / добры

evil / kind

узбуджаны / нудны

excited / bored

тоўсты / тонкі

fat / thin

першы / апошні

first / last

сябар / вораг

friend / enemy

поўны / пусты

full / empty

цвёрды / мяккі

hard / soft

важкі / лёгкі

heavy / light

голад / смага

hunger / thirst

хворы / здаровы

ill / healthy

нелегальны / легальны

illegal / legal

разумны / дурны

intelligent / stupid

левы / правы

left / right

побач / далёка

near / far

новы / былы ва ўжыванні

new / used

нічога / нешта

nothing / something

стары / малады

old / young

укл / выкл

on / off

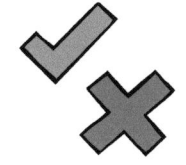

адчынены / зачынены

open / closed

ціхі / гучны

quiet / loud

багаты / бедны

rich / poor

правільна / няправільна

right / wrong

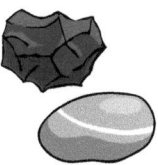

шурпаты / гладкі

rough / smooth

сумны / шчаслівы

sad / happy

кароткі / доўгі

short / long

павольны / хуткі

slow / fast

вільготны / сухі

wet / dry

цёплы / халаднаваты

warm / cool

вайна / мір

war / peace

супрацьлегласці - opposites

лічбы
numbers

0

нуль

zero

1

адзін

one

2

два

two

3

тры

three

4

чатыры

four

5

пяць

five

6

шэсць

six

7

сем

seven

8

восем

eight

9

дзевяць

nine

10

дзесяць

ten

11

адзінаццаць

eleven

12

дванаццаць
twelve

13

трынаццаць
thirteen

14

чатырнаццаць
fourteen

15

пятнаццаць
fifteen

16

шаснаццаць
sixteen

17

сямнаццаць
seventeen

18

васямнаццаць
eighteen

19

дзевятнаццаць
nineteen

20

дваццаць
twenty

100

сто
hundred

1.000

тысяча
thousand

1.000.000

мільён
million

лічбы - numbers

англійская

English

англійская (Амерыка)

American English

кітайская мандарынская

Chinese Mandarin

хіндзі

Hindi

іспанская

Spanish

французская

French

арабская

Arabic

руская

Russian

партугальская

Portuguese

бенгальская

Bengali

нямецкая

German

японская

Japanese

я

I

ты

you

ён / яна / яно

he / she / it

мы

we

вы

you

яны

they

хто?

who?

што?

what?

як?

how?

дзе?

where?

калі?

when?

імя

name

за
....
behind

у
....
in

перад
....
in front of

над
....
over

на
....
on

пад
....
under

каля
....
beside

паміж
....
between

месца
....
place